U0039932

經典
少年遊

001

黃帝
遠古部落的共主

The Yellow Emperor
The Chieftain of Ancient Tribes

繪本

故事◎陳昇群

繪圖◎BIG FACE

遠古時期，

在寬廣平坦的黃河流域，

那裡的人民隨著季節變換，

尋找鮮嫩的水草游牧；

或是從事簡單的農耕；　偶爾還會打打獵。

還在襁褓中的軒轅，
已能聽懂人語，甚至能說話。
幼童時期，他聰穎又伶俐，
學什麼都快，部族內的長老都認為，
這孩子日後一定能成大器；
果然，長大後他身手敏捷勤快，
在狩獵或者耕作上，
可說是無一不精。

5

當時平原上散布著許多部族，
各部族只遵從一位共主的命令。
當時的共主稱為炎帝，
是數百年前神農氏的後代子孫。

但ㄉㄢˋ共ㄍㄨㄥˋ主ㄓㄨˇ應ㄧㄥ該ㄍㄞ擁ㄩㄥ有ㄧㄡˇ偉ㄨㄟˇ大ㄉㄚˋ的ㄉㄜ˙胸ㄒㄩㄥ懷ㄏㄨㄞˊ，

可ㄎㄜˇ惜ㄒㄧ這ㄓㄜˋ時ㄕˊ候ㄏㄡˋ的ㄉㄜ˙炎ㄧㄢˊ帝ㄉㄧˋ，

能ㄋㄥˊ力ㄌㄧˋ顯ㄒㄧㄢˇ然ㄖㄢˊ不ㄅㄨˋ足ㄗㄨˊ，

難ㄋㄢˊ以ㄧˇ統ㄊㄨㄥˇ御ㄩˋ各ㄍㄜˋ族ㄗㄨˊ。

7

為ㄨㄟˋ了ㄌㄜ˙奪ㄉㄨㄛˊ取ㄑㄩˇ土ㄊㄨˇ地ㄉㄧˋ和ㄏㄜˊ牲ㄕㄥ畜ㄔㄨˋ，各ㄍㄜˋ部ㄅㄨˋ族ㄗㄨˊ間ㄐㄧㄢ相ㄒㄧㄤ互ㄏㄨˋ征ㄓㄥ伐ㄈㄚˊ，炎ㄧㄢˊ帝ㄉㄧˋ根ㄍㄣ本ㄅㄣˇ控ㄎㄨㄥˋ制ㄓˋ不ㄅㄨˋ了ㄌㄧㄠˇ。而ㄦˊ軒ㄒㄩㄢ轅ㄩㄢˊ成ㄔㄥˊ人ㄖㄣˊ之ㄓ後ㄏㄡˋ，接ㄐㄧㄝ管ㄍㄨㄢˇ領ㄌㄧㄥˇ導ㄉㄠˇ父ㄈㄨˋ親ㄑㄧㄣ的ㄉㄜ˙部ㄅㄨˋ族ㄗㄨˊ。他ㄊㄚ認ㄖㄣˋ為ㄨㄟˊ征ㄓㄥ戰ㄓㄢˋ只ㄓˇ會ㄏㄨㄟˋ帶ㄉㄞˋ來ㄌㄞˊ災ㄗㄞ難ㄋㄢˋ，於ㄩˊ是ㄕˋ征ㄓㄥ討ㄊㄠˇ那ㄋㄚˋ些ㄒㄧㄝ貪ㄊㄢ婪ㄌㄢˊ的ㄉㄜ˙部ㄅㄨˋ族ㄗㄨˊ，平ㄆㄧㄥˊ息ㄒㄧˊ了ㄌㄜ˙戰ㄓㄢˋ亂ㄌㄨㄢˋ，忠ㄓㄨㄥ心ㄒㄧㄣ耿ㄍㄥˇ耿ㄍㄥˇ的ㄉㄜ˙維ㄨㄟˊ護ㄏㄨˋ炎ㄧㄢˊ帝ㄉㄧˋ的ㄉㄜ˙共ㄍㄨㄥˋ主ㄓㄨˇ地ㄉㄧˋ位ㄨㄟˋ。軒ㄒㄩㄢ轅ㄩㄢˊ的ㄉㄜ˙做ㄗㄨㄛˋ法ㄈㄚˇ得ㄉㄜˊ到ㄉㄠˋ許ㄒㄩˇ多ㄉㄨㄛ部ㄅㄨˋ族ㄗㄨˊ的ㄉㄜ˙擁ㄩㄥ護ㄏㄨˋ，稱ㄔㄥ頌ㄙㄨㄥˋ他ㄊㄚ才ㄘㄞˊ是ㄕˋ大ㄉㄚˋ家ㄐㄧㄚ真ㄓㄣ正ㄓㄥˋ的ㄉㄜ˙領ㄌㄧㄥˇ導ㄉㄠˇ。

此時，在平原南方出現一支蠻悍的部族，號稱蚩尤。短短數年間，幾乎成為南方新共主，甚至強大到和北邊炎帝分庭抗禮。軒轅知道便想一舉討伐，但因為蚩尤佔盡地利之便，一時沒有斬獲。

1

炎帝的勢力愈來愈小，對其他部族的影響逐步消失，許多部族甚至不肯承認炎帝共主的地位！為了鞏固自己的權勢，炎帝開始舉兵侵略壓制其他部族，手段特別激進，於是戰爭又起。

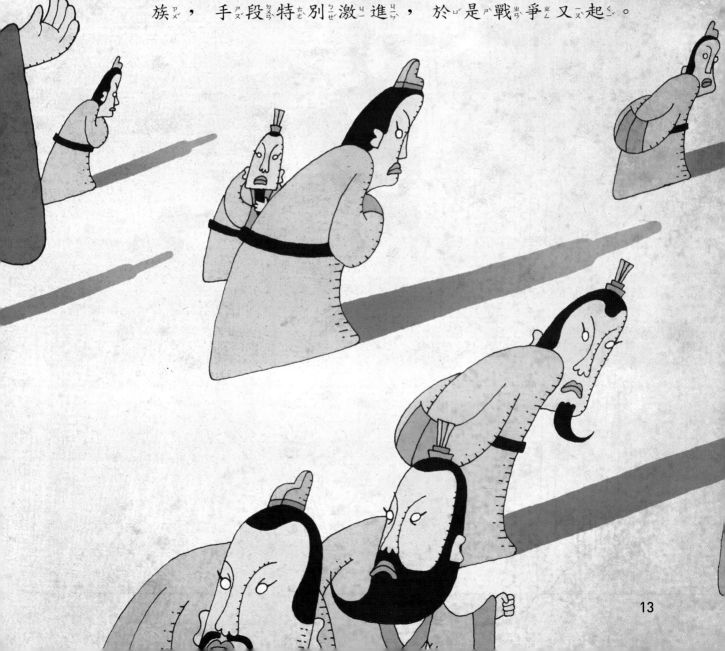

軒轅力勸炎帝，沒想到炎帝根本聽不進任何勸諫。於是軒轅決定回到最初的地方，開始重建人情倫常，積極推廣淪喪多時的道德價值。考慮到日後可能遇到的阻礙，他開始整頓軍事，培養人民在戰場上的實力，以備不時之需。

各地征戰不斷，民不聊生。
但在軒轅的勢力範圍內，
卻是物資豐饒。
軒轅以順應四時季節來調理農事，
讓五穀年年豐收，安撫了人心。
飽受戰亂的部族從四面八方來歸，
軒轅以實實在在的能力，
展現領袖的特質。

為了讓黎民百姓免於戰亂之苦，
軒轅決定與無道的炎帝決裂。
許多部族紛紛響應，
在軒轅睿智的指示下，

他馴服熊、狐、狼、虎等猛獸，
成為戰場上的奇兵。
果然，阪泉山下經歷三次大戰，
軒轅出奇制勝，終於打敗了炎帝。

炎帝戰敗後，黃河流域大部分部族都歸順在軒轅的旗下；然而偏居南方的蚩尤仍我行我素，持續作亂。軒轅心知，想真正擁有和平盛世，必須收服蚩尤！然而蚩尤勢力龐大，馬強兵壯，一時之間連軒轅也無法攻克。

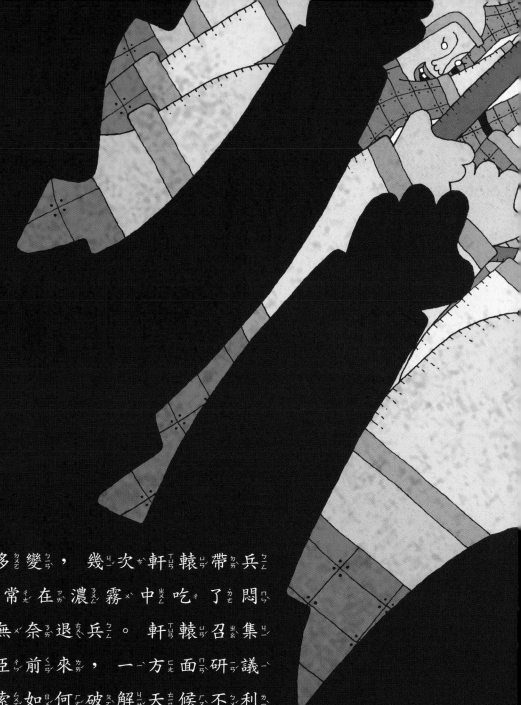

南方氣候多變，幾次軒轅帶兵
南下，經常在濃霧中吃了悶
虧，只得無奈退兵。軒轅召集
諸侯和大臣前來，一方面研議
對策，思索如何破解天候不利
的因素；另一方面則繼續積極
操訓，熟練各式兵法陣型。

涿鹿山下平野寬廣， 兩軍正式對戰。
廝殺中， 大霧驟然間籠罩下來！
蚩尤大軍對地形極為熟悉，
不怕分不清方向。

他們正竊喜著這濃霧彷如一雙大手，
完全遮蔽軒轅大軍的雙眼。

25

以為勝券在握的蚩尤，怎麼都找不到軒轅軍隊的蹤跡。直到濃霧慢慢退去，赫然看見軒轅所駕的車輦前面，有一人形木雕，無論車子怎麼轉彎，都能正確指出方向。有了指南車這項新發明之助，軒轅克服天候影響，徹底打敗了蚩尤。

27

自ᵖˇ此ˇ，
軒ᵀ辕ᵘ正ᵗ式ᵖ代ᵈ替ᵗ炎ᵘ帝ᵈ，
成ᵗ為ᵘ各ᵍ部ᵖ族ᵘ的ᵈ新ᵀ共ᵘ主ᵘ，
尊ᵘ稱ᵗ為ᵘ黃ᵘ帝ᵈ。

28

只是，炎帝的支脈遍布各地，黃帝成為新共主初期，出現不少反對的聲音。黃帝前往各地，平息不安。當時各族之間，往來非常不便！黃帝一路闢路搭橋，拓展了交通路線，為日後的治理扎下基礎。

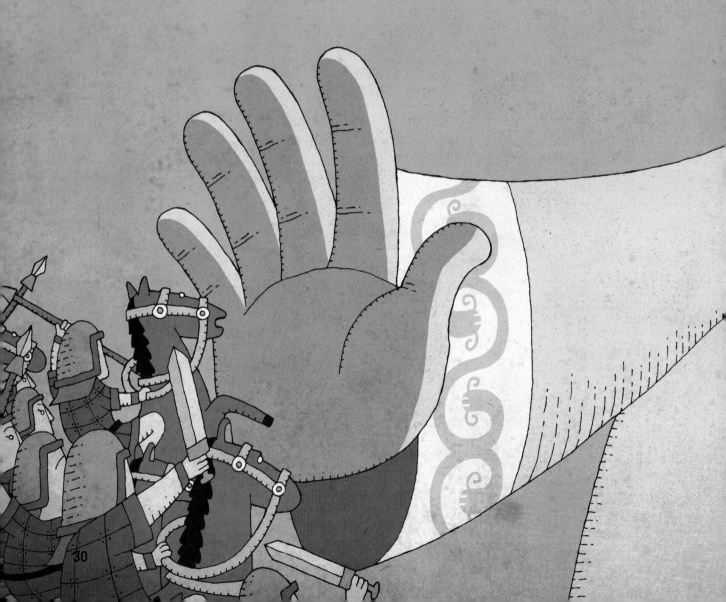

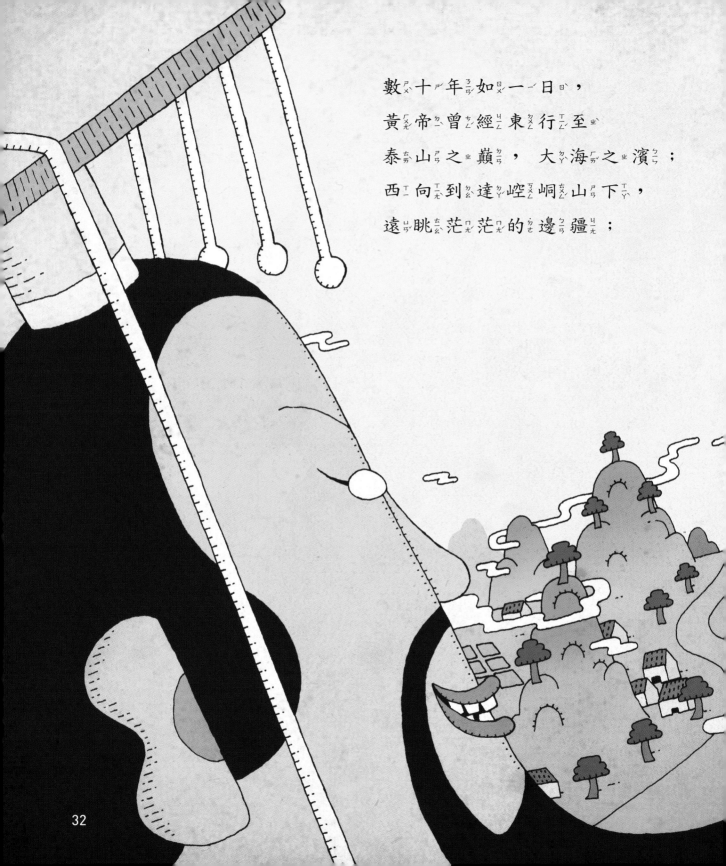

數十年如一日，
黃帝曾經東行至
泰山之巔，大海之濱；
西向到達崆峒山下，
遠眺茫茫的邊疆；

32

往南則遠至長江之畔，
汲引江水灌溉田疇；
朝北驅逐蠻族葷粥，　直達沙漠邊緣。
回到中原後，
黃帝正式定都涿鹿，　一統山河。

國境之中再無紛擾，四方諸侯也心悅誠服。人心安樂之際，黃帝經常參與各地舉行的封禪大典，祈求國家平安和順。在宛朐舉行的大典上，黃帝甚至獲得指示，以象徵天地人的三座寶鼎祭拜天地，鼎上記錄著黃帝不朽的功業。

35

黃帝關心人民的生活，大量舉用賢臣，不僅整理文字、算術、曆法；進而改良舟車、宮室、律法，使得依照時節種植的穀物豐收，也使得生活上的食衣住行，更加便利舒適。

嫘祖是黃帝的妻子， 賢慧又有德行。
當時生活物資匱乏， 對於穿著尤其簡陋。

細心的嫘祖從大自然中尋找，
發現野蠶蠶繭所抽出來的絲，特別堅韌，
便試著揉成線，進而織成布疋，
較之前用麻絲織出的布，更加美麗輕盈。

39

黃帝崩殂後，葬於橋山。但德風不會中斷，其後有名的君主如堯、舜、夏禹、商湯，直到周天子，都是黃帝的後裔，承先啟後，祚延千年，深深影響著中國歷史的發展。從遠古至今，黃帝，成為炎黃子孫的共同始祖。

黃帝
遠古部落的共主

讀本

原典解說◎陳昇群

大家都說我們是「炎黃子孫」，到底是怎麼一回事呢？
黃帝是如何成為我們共同的祖先呢？

黃帝大約是公元前兩千多年的一位君主，他是中華民族共同的祖先。黃帝生長在姬水邊，因此姓姬，《史記》記載軒轅是他的名。在涿鹿之戰打敗了蚩尤之後，黃帝成為天下的共主。他順應天地四季的規律，治理人民與土地，因此司馬遷在《史記》中把他列為五帝之首。

蚩尤是九黎部落的首領，勢力非常龐大，據說有八十一個兄弟部落。蚩尤被後世視為戰神，戰力很強大，他打敗了炎帝，還跟黃帝交戰，黃帝九戰九不勝，最後才終於在中冀之野殺了他。

黃帝

蚩尤

相關的人物

炎帝

炎黃子孫

炎帝是姜水旁、神農部落的首領，據傳黃帝與炎帝同為神農氏的後裔。炎帝的神農部落受到九黎族的蚩尤侵略，炎帝打不過他，轉而攻打其他的諸侯。卻因此跟黃帝相爭，展開阪泉之戰，經過三次交手，黃帝打敗了炎帝，兩族逐漸融合為一。

黃帝在阪泉之戰打敗了炎帝後，兩個部族的人民便融合在一起。之後黃帝又成為天下的共主，而他的子孫包含了少昊、顓頊、帝嚳、堯、舜，以及夏朝、商朝、周朝的君主，所以才稱中華民族是「炎黃子孫」。

少典

傳說黃帝的父親是少典，是有熊國的國君。少典娶了兩個妻子，一個叫女登，一個叫附寶。女登生了炎帝，但因為炎帝長相醜陋，脾氣不好，少典不喜歡他。附寶生了黃帝，黃帝非常清秀而聰明，很受到少典的喜愛。

神農

三皇五帝是中國在夏朝以前的「聖王」。根據漢朝歷史學家司馬遷的說法，三皇是伏羲、神農、女媧。神農氏是傳說中農業與醫藥的發明者，讓人們可以治病和種植穀物養活自己，因此又被尊稱為「藥王」。炎帝、黃帝都是神農氏的後代。

嫘祖

黃帝的妻子，據《史記》的記載，她是西陵氏的女兒，與黃帝生下玄囂、昌意兩個兒子。黃帝的時代，人們還不懂得做衣服來穿，很容易生病。嫘祖因此發明了養蠶取絲，教大家養蠶寶寶，並從蠶寶寶所吐出的絲，製成衣服，因此又有「先蠶」的封號。右圖為河南新鄭軒轅故里祠東配殿的嫘祖「先蠶娘」像。

TOP PHOTO

黃帝的一生充滿神異與傳奇色彩，
黃帝是如何發展成為中原共主的呢？

約公元前 3000 年～前 2500 年

神農氏部落曾經是中原共主，當各國之間發生侵略事件的時候，神農氏就會派兵去征伐，主持公道。但是到了黃帝的時代，神農部落已經逐漸沒落，中原陷入了一片混戰，民不聊生，神農部落卻無力管理。

約公元前 2800 年～前 2500 年

由於黃帝的史料已經很難考據，據傳黃帝的出生可能是在約公元前 2800 年到公元前 2500 年之間的某年農曆三月初三，即「上巳節」。這個節日是上古時代，人們在水邊喝酒宴會、郊外春遊的節日。中國自古有「二月二，龍抬頭；三月三，生黃帝」的說法。

約公元前 2800 年～前 2500 年

黃帝出生時非常的神異，生下來不久就會講話，從小就非常聰明，跟一般人很不一樣。所以十五歲的時候，就被人們推為軒轅部落的酋長。並學習神農氏的農耕，使軒轅部落迅速強大。

神農氏式微

黃帝出生

相關的時間

部落酋長

阪泉之戰

約公元前 2800 年～前 2500 年

軒轅部落越來越壯大，很多小部落都歸附在軒轅部落之下，只有兩個強大的部落始終不服，就是炎帝和蚩尤的部落。黃帝於是在阪泉和炎帝進行決戰。經過三次激烈的戰鬥，最終黃帝戰勝了炎帝，組成炎黃部落。

涿鹿之戰

約公元前 2800 年～前 2500 年

蚩尤是九黎族部落的酋長。黃帝打敗炎帝之後，中原的部落逐漸歸附，只有蚩尤仍然與黃帝對抗。九黎族非常強悍，兩族不斷爭戰，死傷無數。後來黃帝終於在涿鹿這個地方打敗了蚩尤，統一了中原。上圖為河南新鄭黃帝故里始祖殿壁畫，描繪黃帝爭戰蚩尤的過程。

黃帝之死

約公元前 2800 年～前 2500 年

關於黃帝之死，有很多傳說，有人說黃帝死後，葬在橋山。又有人說，黃帝在荊山採山銅鑄鼎，鼎完成了，天上有一隻龍垂下鬍鬚迎接黃帝，黃帝騎上去，群臣和後宮也一起上去，一起成仙了。右圖為河南靈寶黃帝鑄鼎原，唐碑碑文局部。

黃帝是個厲害的發明家，一起來看看和黃帝相關的各種事物。

TOP PHOTO

指南車是一種用來辨別方向的儀器。傳說黃帝在跟蚩尤打仗的時候，蚩尤使出巫術，弄得到處都是煙霧，讓黃帝的軍隊搞不清楚方向，被蚩尤殺得大敗。於是黃帝發明了指南車，搞清楚了東南西北，認出了蚩尤軍隊的方向，才打敗了他們。左圖為河南新鄭黃帝故里的指南車模型。

指南車

相關的事物

黃老思想

五穀

漢朝初年，為了讓飽受戰亂多年的百姓休息、社會穩定，於是採用「黃老思想」治國。黃老思想是道家思想的支派，強調無為而治，是從戰國時期發展起來的一套思想。「黃」就是「黃帝」，「老」是老子，其實黃老思想並非由黃帝或老子所創始，只是尊崇這兩人，假托他們的名字而已。

黃帝和神農部落統一之後，學到了神農氏的農作技藝。他運用智慧，發展出更好的農業生產，使中華民族愈來愈強大。根據司馬遷的《史記》，黃帝會種「黍、稷、菽、麥、稻」五穀，而神農氏只會種黍和稷。

《山海經》是先秦古籍，記載中國古代各地的地理、人物、神話、宗教、醫藥等方面的內容。書中也有記載蚩尤大戰黃帝，請風伯雨師颳大風雨，把黃帝打得慘敗。後來黃帝靠著仙女止雨，才殺了蚩尤。右圖為明刊本《山海經》，出自中國國家博物館古代中國陳列展。

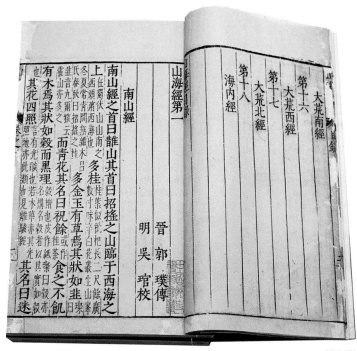

TOP PHOTO

山海經

倉頡造字

倉頡是黃帝的史官，他奉命創造了中國的文字。根據漢朝許慎的《説文解字》，倉頡創造文字有兩種方法，一是根據東西的模樣，畫出符號，給它一個讀音，叫作「文」；二是把這些有讀音的字結合起來，又製造了更多的符號，就叫作「字」。

黃帝內經

《黃帝內經》是以陰陽五行理論，探討人的身體的醫學經典。書中黃帝與醫學家岐伯，根據人體各種不同的情況，不斷反覆問答。《黃帝內經》對中國醫學影響非常深遠，是所有學習中醫的人必讀的書。

其他發明

黃帝時代有非常多的發明，包含曆法，也就是中國古時候使用的「天干地支」，以計算日期，一直沿用到現在；用來計算長度的尺、寸，以及容量的升、斗的度量衡；以及弓箭、船、車等等。他還在位於陝西中部的荊山鑄「鼎」，把中國分為九州。

黃帝經過阪泉與涿鹿大戰後成為天下共主，他所統籌管轄的範圍廣泛，究竟有哪些地方與他相關呢？

《國語・晉語》記載：「黃帝以姬水成。」，表示黃帝生長於姬水，並以姬為姓。姬水就是現在中國陝西省武功縣的漆水河，也有人說是關中北部黃陵縣附近的沮河。這兩條河都是渭河的支流。

姬水

軒轅之丘

相關的地方

TOP PHOTO

《史記》說：「黃帝居軒轅之丘。」這個地方位在現今河南省的新鄭縣。在這裡可以看到許多與黃帝有關的名勝古跡，如黃帝故里、南崖軒轅宮、少典祠等。上圖為黃帝故里祠。

九黎

姜水

九黎是上古傳說中的一個族群。大約居住在現在的湖北、湖南與江西一帶。據說九黎有九個部落，以蚩尤為首。現在中國的苗族的先民，據說與蚩尤有著密切的關係。苗族長期以來崇拜蚩尤，認為他是他們的始祖，到處都有蚩尤廟。

《國語・晉語》記載：「炎帝以姜水成。」姜水相傳為炎帝的出生地，是古書中所記載的一條河流名。炎帝姓姜，就是以姜水為姓。姜水的位置大約是現在中國陝西省寶雞市一帶。

黃帝城

黃帝城，又稱為軒轅城，位於中國涿鹿縣礬山鎮三堡村北。根據《史記》記載，黃帝殺死蚩尤，打敗炎帝後，在涿鹿山下的平地建造都城。據說黃帝城就是這座都城。在這裡陸續發現了大量陶器、石器，與黃帝的時代相當一致。上圖為黃帝古城遺址。

涿鹿

山名，在現今中國河北涿鹿縣，與阪泉相距不遠。涿鹿縣位於中國河北省西北部、桑乾河下游，與張家口市下花園區和北京市郊區相接。黃帝就是在這裡與蚩尤大戰，一決勝負，統一了中原。

黃帝陵

古稱「橋陵」，是中國歷代帝王祭祀黃帝的場所。相傳黃帝得道升天，所以這個陵墓裡面只有他的衣冠。黃帝陵位於中國陝西省黃陵縣城北橋山，號稱「天下第一陵」。

51

黃帝

聽過「炎黃子孫」一詞嗎？所謂「炎黃」，指的就是遠古時代的「炎帝」以及「黃帝」。

上古中國可以追溯自五千年前的神農氏。神農氏發明各種木製耒耜農具以利耕作，教導人民從事農業，逐漸擺脫飄移不停的游牧生活。神農氏除了提供給當時人民精密的農業技術，也開始利用植物纖維，例如抽取麻絲，紡織成布，讓人們不再以獸皮或樹皮蔽體保暖。不過其實醫學才是神農氏送給大家最主要的貢獻。在遠古時代，疾病是人類完全束手無策的苦痛。神農嘗百草，分析草藥的特性，即使曾因中毒而痛苦不堪，神農仍然咬緊牙關，持續研究藥理。如此的付出與犧牲，讓疾病的治療終於露出希望的曙光。政績如此卓著的神農，因此受到愛戴，成為天下共主，後繼子孫都以「炎帝」的稱號傳承。

數百年後，分布在中原各地的部族成千上萬，可是當時的炎帝

炎帝欲侵陵諸侯，諸侯咸歸軒轅。軒轅乃修德振兵，
治五氣，藝五種。——《史記·五帝本紀》

才德不足，幾乎無法統御，因此新的部族統領逐漸興起。從小就顯
露不凡才華的軒轅，治理部族有條有理，他承繼父親少典所屬的部
族，不久便展露頭角，以美好德行教養人性，也懂得順應天時休養
生息；配合四季五行種植不同穀類，糧食因此豐收，人民也能溫飽。
四方諸侯感受到軒轅愛民護民的胸懷，紛紛前來投靠。而炎帝卻為
了鞏固自己岌岌可危的共主地位，開始出兵攻打鄰境。任何不服從
自己的部落國家必派兵征討，惹得民不聊生，怨聲載道。

　　眼見炎帝欺凌諸侯，軒轅決定一反先前對炎帝的擁戴，
雖然兵力不足以和炎帝抗衡，但得自許多諸侯的全力支
持，他決定整軍經武，研擬兵法，甚至馴養訓練各
種猛獸，成為戰場上的奇兵。

　　他和炎帝在阪泉山下三次大會戰，終於
擊潰炎帝大軍。

黃帝居軒轅之丘，而娶於西陵之女，是為嫘祖。嫘祖
為黃帝正妃，生二子，其後皆有天下。—《史記·五帝本紀》

　　成為共主前，黃帝居住在富饒的軒轅之丘，娶嫘祖為妻。嫘祖
生了兩個兒子，一是玄囂，一是昌意，後來都很有成就。黃帝駕崩
後，繼承共主之位的顓頊，就是昌意的兒子。顓頊行事沉穩，通達
事理，在他治理下，國家疆域更加擴大，廣受人民愛戴。

　　嫘祖身為黃帝之妻，享有尊貴的身分，但她並不追求享福安樂。
如同居住在軒轅之丘的人們一般，大夥兒上下同心，日日求新，時
時求變，不斷以新發現和新發明來改善生活，嫘祖當然也不例外。

　　絲的發明也許是個偶然，但若沒有嫘祖靈敏的心思，便不會出
現這項美妙的創造。有天她看見樹上有蠕蟲，為牠取名為蠶。嫘祖
發現蠶囓食樹葉後，會從體內吐絲結繭裹身，多日之後便會破繭而
出，化蛾飛走。嫘祖細心觀察蠶吐出的絲線，極細，卻極堅韌，於

是摘下繭囊，以熱水澆滾燙軟，抽出了繭絲。

　　當時，用來織布的原料，全都是神農氏在百年前所發明的，來源以植物為主。用麻抽取的纖維，揉成絲線，所織出來的布，質地較硬，也比較粗糙。而嫘祖發現繭絲比麻絲的觸感更輕柔，而且經過拉扯也不容易斷裂，便將養蠶取絲的方法推廣民間。

　　絲綢品就這麼一路流傳演進，成為日後無論貧富貴賤的必備衣物。直到漢朝時，東西方交流頻繁，以物易物，往來西域的道路通暢。而往來的駱駝商隊中，極具代表性的貢品或商品，就是絲綢！

　　也許「絲路」蜿蜒曾經千年，但起點應不是漢朝的長安，而是更遠更久之前，由軒轅之丘出發，來自一位名叫嫘祖的眼底、手中。而這一路也不只是朝西方前行，而是沿著時間的軌道緩緩織來，時至今日。儘管現代周遭雖充斥著化學纖維布料，但一疋疋絲織品仍以最優雅的觸感，展現它四千多年來，無法取代的神奇與高貴。這一切，都要感謝嫘祖的細心與智慧。

蚩尤

蚩尤在炎帝末期興起。這個時期的炎帝，領導力一直是弱點，對諸侯間的紛爭，幾乎無法做出公正果斷的裁決，引發諸侯們對炎帝產生質疑，久而久之，共主的權威消磨殆盡。眾多實力與能力兼具的諸侯，紛紛冒出頭來，想取代炎帝的地位。蚩尤之所以能夠崛起，或許也肇因於這樣的條件背景。

蚩尤一族，蟄居在中原偏南一隅。南方氣候濕熱，林木蓊鬱，出外遠行必須攀山越嶺，穿林渡河，因此族人個個身強力壯，驍勇善戰。據說蚩尤就生得一身銅筋鐵骨，力大無窮，馳騁戰場英勇無比。

在蚩尤的武力威嚇下，當時南方諸侯幾乎全數臣服。蚩尤一聲令下，南方各族莫敢不從，其氣勢已嚴重威脅到炎帝共主的地位。蚩尤甚至狂妄到想直接取而代之，於是不時北上侵擾中原各部，掠奪資源。

軒轅之時，神農氏世衰。諸侯相侵伐，暴虐百姓，而神農氏弗能征。於是軒轅乃習用干戈，以征不享，諸侯咸來賓從。而蚩尤最為暴，莫能伐。——《史記‧五帝本紀》

　　等到軒轅年長，接替父親少典接掌有熊國，對共主炎帝極其忠誠。當各族無視於共主的存在，彼此開始鬥伐，相互掠奪，軒轅立刻挺身而出馳援炎帝，代為解決各族間的紛爭。由於軒轅以德服人，不常訴諸武力；加上治理有方，他所管轄的區域，土地肥沃、五穀豐饒，人民崇尚道德，繁盛景象讓諸侯們心悅誠服。雖說當時炎帝仍然是共主，但實際上的情況卻是：諸侯間若有紛爭，多不找炎帝排解，反而尋求軒轅裁決。

　　費了不少時間，軒轅終於弭平各地動亂，唯獨對南方的蚩尤毫無辦法。南方的地理氣候和北方截然不同，水土不服讓軒轅一時間只能觀望，暫時以守勢面對蚩尤的挑釁，用時間換取實力的累積，等待戰勝的機會到來。

　　至於蚩尤，儼然成為南方共主，成為炎帝背後一根亟欲拔除的暗刺。

蚩尤作亂，不用帝命。於是黃帝乃徵師諸
侯，與蚩尤戰於涿鹿之野，遂禽殺蚩尤。

——《史記·五帝本紀》

　　歷經三次大戰，軒轅終於在阪泉之役，擊潰日漸墮落的炎帝，
成為新共主，史稱「黃帝」。四境之內，除了炎帝至親舊部，大都
擁戴。唯有南方蚩尤仍舊頑強不屈，且益發兇殘。黃帝心知，蚩尤
不除，境內終將難安。

　　蚩尤獨霸一方已久，武力強大，對北方富饒的土地開始頻頻有
動作。黃帝登位後，勵精圖治，經常召集諸侯商討如何討伐蚩尤。

　　一開始的幾次交戰，黃帝軍隊大都無功而返。追究原因，主要
是對南方的地形地勢，以及天候狀況完全無法掌握！而蚩尤憑藉著
勇武蠻力和地利，讓黃帝的軍隊吃足了苦頭。

　　因此有大臣建議，將戰場設在涿鹿山下的平野，引誘蚩尤大軍
進入。大臣也指出，幾次與蚩尤會戰，蚩尤軍隊無論得勝或是敗逃，
都會莫名起霧，讓軍士摸不清方向，以致黃帝軍隊無功而返，甚至

遭到突襲。這時一位熟悉兵法與百工的大臣挺身站出，說可以解決這項困擾。

　　大戰前夕，涿鹿平野上兩方大軍遠遠對峙，可看出雙方勢均力敵！突然，天際大片烏雲籠罩，無法預料的大霧瞬間掩來，只見蚩尤軍士井然而退，留下黃帝部隊迷失在戰場上，伸手不見五指。

　　蚩尤以為勝券在握，想趁著濃霧未退，打算由四面八方包夾剿滅黃帝部隊，未料一進入霧中，反而遍尋不著人影，黃帝部隊竟是連一兵一卒都消失了蹤跡。

　　當濃霧漸漸退去，蚩尤赫然發現黃帝的部隊，團團圍著自己。黃帝挺身站在天子乘坐的戰輦上，前面有一小車，車上有一人形木刻，伸出手指著南方，無論小車如何前進或轉彎，手指方位不變。

　　這場涿鹿大戰，終結了蚩尤南方霸主的地位。從此軒轅黃帝的帝位穩固，江山一統，開創史前時代盛世文章。

堯

　　史書這樣描寫帝堯：仁德如無窮盡的天際，智慧像神明般難以測度；靠近他感覺像接近和煦的陽光，遠望他彷如遠眺斑斕的雲彩。

　　帝堯的父親帝嚳，是黃帝的曾孫。因此，在仁德上傳承了家族的美好個性。堯在位百年，期間有承平安樂的時刻，但後期水患成災，讓堯煩惱不已。

　　帝堯聰穎，在位期間，為人民解決了不少生活或經濟上的問題，例如：帝堯在接位之前，九黎、三苗發生亂事，讓曆算中最重要的計算「閏」的方式，整個荒廢，造成了四時錯亂，人民無法按照正確的時間順序種植，作物最後青黃不接。還好帝堯親自探訪，查知九黎的舊部落，並未完全遺忘其祖先推算曆法的技術，而且私下仍在持續運作。帝堯便頒令重用他們，並請羲氏、和氏掌管曆算，讓曆法回歸正常。自此，風調雨順，歲歲豐收。帝堯在當時便有此作為，可見他重視的，仍是人民的生活。

　　帝堯也非常謙讓，經常向大臣請教治國道理，對人才

四嶽舉鯀治鴻水，堯以為不可，嶽彊請試之，試之而無功，故百姓不便。——《史記‧五帝本紀》

的舉用，更是敞開雅量聽取諫言。有一回，帝堯問誰可以掌理百工之事，大臣讙兜進言可以任用共工氏。帝堯心生疑慮，覺得此人品性不佳，讙兜卻認為共工氏握有不可或缺的技術。帝堯不忍駁回，只說：「就讓他做做看吧。」之後，共工氏果然做出不法勾當。

　　堯帝晚期洪水為患，問大臣是否有可用之才可以治水？大臣四岳舉薦鯀。帝堯搖頭說：「此人不可。」但在四岳大臣強力支持下，帝堯只好讓鯀一試，沒想到卻招致了九年更大的洪泛災情。

　　帝堯聰穎、仁慈，有雅量，懂得體恤他人，讓他百年功業不墜。可是從帝堯與大臣們的商議言談，得悉帝堯其實知人之深，只可惜太過謙忍而採納眾臣的短視意見，導致部分謬誤。但此舉反倒可以證明，帝堯自始而終以仁理政，對政權的行使，從未專制主導。

堯曰「終不以天下之病而利一人」，而卒授舜以天下。──《史記·五帝本紀》

　　帝堯之前，帝位都是以近親的貴族互相延續傳承，雖然前帝所選並非都是上上之選，但至少都是具有才德之人。

　　帝堯深知這個道理，他很早之前就開始思考這個問題，他曾問眾臣：「你們之中誰的才德出眾，日後就可以接我的帝位。」眾臣紛紛搖手推卻。帝堯又問：「那麼，你們可以代我查探民間，有誰具有如此才德能力？」眾臣都一致推薦：「舜，不只是位孝子，而且能力非凡。」

　　堯帝立刻找到舜，見他年輕有為，便把自己兩位女兒嫁給他。幾年之後，帝堯發現兩位女兒不僅甘願紆尊降貴，並且謹守婦人之道；堯再請舜在民間發揚五倫，經過一段時日，五倫竟然成為人民普遍追尋的道德目標。堯因此非常滿意舜的表現，決定讓

舜年紀輕輕就擔任各種公職。堯觀察舜無論是低階工作或是高官大事，都能處理得井井有條；甚至有一次舜臨時接獲堯的命令，準備在國都內接待四方來朝的賓客。這項工作稍有不慎，便會惹來其他國家使臣的怨言。沒想到舜卻讓各方使臣不斷傳來讚嘆聲音，賓客們都非常滿意舜安排的所有接待。堯最後的測試，是派遣舜穿越一片原始森林到外地，為他辦點事。交辦之事務不是重點，重點是如何能平安度過森林中不時的狂風驟雨以及凶險地形。舜以冷靜、智慧和不屈的毅力，毫髮無傷的達成任務。堯大為佩服，讚美舜：「你謀事有周詳的計畫，你所出之言必定實現，你來接我帝位吧！」

帝堯有兒子丹朱，雖然才德尚佳，帝堯知道仍遠不如舜。雖然知道把帝位傳給丹朱，丹朱會很好，但這只是對丹朱一人好罷了！若帝位傳給舜，對全天下的子民而言，才是大好消息，也只對丹朱一人不好。有了這樣的想法，帝堯最終決定傳位給舜。

將帝位傳給賢能的人，卻不傳給自己兒子的傳位方式，史稱「禪讓」。施行「禪讓」傳賢不傳子者，歷史上只有帝堯、帝舜而已。

舜

舜，生於冀州。依族譜推演，舜是黃帝的第八代孫，由於諸侯分封密集，其實到舜時，早已是平民了。

舜的父親瞽叟，是一位盲者，舜的母親很早就去世了，瞽叟續絃娶了舜的後母並生下了象。後母對舜極不友善，象尤其桀驁不馴，對舜更是百般折磨，最後連瞽叟也不再站在舜這邊，甚至想置舜於死地。他曾命令舜爬上倉庫的屋頂修補漏水，舜人在屋頂專心修補，倉庫四周卻被點火，情急之下，舜靈機一動，抓緊斗笠一躍而下，斗笠增加的浮力讓舜免於受傷。這次事件讓舜有了警覺，但即使如此，舜仍然事親至孝，誠惶誠恐的侍奉父母，不敢稍有違逆。

舜父瞽叟頑，母嚚，弟象傲，皆欲殺舜。舜順適不失子道，兄弟孝慈。欲殺，不可得；即求，嘗在側。

——《史記·五帝本紀》

後母和象見到舜平安無事，更加不滿，計畫了一項讓舜從世上消失的陰謀。他們要舜將自家庭院裡的那口荒井掘出水源，以預防不可預期的水荒日子。舜一口答應，立刻捲起袖子下井。後母和象暗自竊喜，眼看計畫即將成功，就在舜掘出水源的時候，母子兩人合力將大石塊往井底丟擲！轟然一聲巨響，舜應該再也無法逃脫這場災厄。那晚，三人正在慶祝時，舜居然無聲無息推門而入，嚇了大家一跳。原來舜早有預防，下井後，立即挖出側向通道，躲開了大石壓頂。但舜絕口不提這事，孝親行為一絲一毫從未稍減。

舜登上帝位後，車輦插著一面迎風飄揚的天子大旗，浩浩蕩蕩的回到故鄉。他拜見父親瞽叟仍行父子大禮，恭敬不敢造次，終於感動了父親！接著還封弟弟象為諸侯，享有俸祿不愁吃穿。

孝感動天，舜的孝行因而被後人寫進《二十四孝》一書。雖然以今日的眼光檢視，舜的行為是不折不扣的愚孝。但不可否認的是，當時舉賢嚴苛的帝堯，也正因為看重了舜的孝行而受到吸引，願意把帝位傳承給他，傳成一段佳話。

舜耕歷山，歷山之人皆讓畔；漁雷澤，雷澤上人皆讓居；陶河濱，河濱器皆不苦窳。一年而所居成聚，二年成邑，三年成都。——《史記·五帝本紀》

　　舜在登帝之前，曾四處為家，歷練生活經驗。他的命運乖舛，一半因素來自於家庭，讓他不得不面對各種逆境，運用智慧轉化；另一半則來自帝堯的試煉。帝堯禪讓，舜可以順利承接帝位，皆因他通過堯對他所設邁向帝位的重重關卡。

　　住在歷山山腳下的農民們，經常為了農田的地界發生爭執。但舜到了那裡，跟一戶農民借了塊土地耕作，眾人都沒想到竟種出前所未有的豐美穀物。借地的農民分享了舜的豐收，其他農民見狀，也紛紛把地借給舜。舜依據不同土質，乾濕、日照位置、高低等狀況，提供不同耕作方法。當地農民學習到舜的知識，人人都豐收，也就減少了搶地的紛爭。舜也曾經遷居到雷澤捕魚，雷澤附近的漁

民發現舜的漁獲比他們還多，舜也不吝惜的將自己特殊的捕魚法教大家，從此漁民對舜景仰有加，願意將住所讓予舜住下來。舜又到黃河河邊跟人學做陶，舜不久便摸清製陶的過程，並試著改造陶器的質材。舜掌握最佳火候，並調配出適當土質。不出多久，附近出產的陶器，遠比其他地區的陶製品，品質優良了許多。

只要舜所選擇的居住之地，一年間，該地方即使再荒涼，也會逐漸成為部落，人群齊聚，衣食無缺！但舜不可能停下變革的步履。

舜的歷練，不只學習與成長而已。而這些歷練對舜的影響，更是多方領略、不休止的創造歷程。由於具備了偶像特質，舜總能吸引眾人跟隨他的腳步，大步前進。舜承續堯而有大德，深獲民心；但舜更發展出有別於堯的非凡果斷的作為，例如他大膽殺鯀，反而舉用禹來治水，終至平息水患！這是大能，大能者擁抱著移風易俗，改變人民的行為，人民之仰望舜，如有德之風輕拂而過，所以萬民風行草偃。

當黃帝的朋友

黃帝到底有什麼過人之處，能夠成為遠古時期所有部族的共同領袖呢？

因為黃帝生活在遠古時期，很多關於他的故事都無法考據，現在只能從史書上的記載跟一些傳說來拼湊他的原貌。從這些資料中可以發現，他是個天生就具有很多特異功能的人。不僅一出生沒多久就會講話，當他還是小孩子的時候，就已經會騎馬射箭甚至發明東西了。雖然他非常厲害，可是他並沒有把自己的能力用在只對自己有利的地方。相反的，他看到當時的社會，因為炎帝已經沒有辦法可以領導大家，他自動自發的幫忙炎帝安撫各個部落的糾紛。除此之外，他還懂得修養自己，安靜的觀察局勢，訓練自己的人馬。因此一遇到大狀況的時候，他立刻就能帶領自己的人馬，解決所有的困難。

後來因為炎帝的嫉妒，以及南方蚩尤的貪心，他不得不投身戰場，與他們對戰。但是他之所以參與戰爭，都是為了趕緊把動亂平息，好讓天下百姓可以免於恐懼，過著太平歲月。收服了炎帝與蚩尤的勢力後，他更積極的推動許多建設，教導人民按照四時節氣來耕作，發明更多好用的農具與文字；而他的妻子嫘祖也找到養蠶取絲的方法，讓人民學會穿更舒服的絲綢衣，讓大家都能過著舒服的日子。正因為他是這麼踏實的在這片黃河流域上耕耘，「土地」就是他的象徵，而代表土地的黃色，也就成為他的名稱來源。

或許我們沒辦法像黃帝一樣天生神異，但是從他的事蹟來看，其實更重要的是後天的努力與自我修養。在混亂的困境中，有黃帝這麼一個朋友，他會告訴你，只要踏踏實實的把自己準備好，你也能創造機會，讓自己脫穎而出。

我是大導演

看完了黃帝的故事之後，
現在換你當導演。
請利用紅圈裡面的主題（部落），
參考白圈裡的例子（例如：遠古），
發揮你的聯想力，
在剩下的三個白圈中填入相關的詞語，
並利用這些詞語畫出一幅圖。

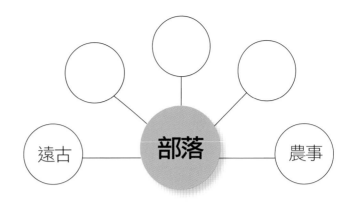

◎ 少年是人生開始的階段。因此，少年也是人生最適合閱讀經典的時候。

因為，這個時候讀經典，可以為將來的人生旅程準備豐厚的資糧。

因為，這個時候讀經典，可以用輕鬆的心情探索其中壯麗的天地。

◎ 【經典少年遊】，每一種書，都包括兩個部分：「繪本」和「讀本」。

繪本在前，是感性的、圖像的，透過動人的故事，來描述這本經典最核心的精神。

小學低年級的孩子，自己就可以閱讀。

讀本在後，是理性的、文字的，透過對原典的分析與說明，讓讀者掌握這本經典最珍貴的知識。

小學生可以自己閱讀，或者，也適合由家長陪讀，提供輔助說明。

001 黃帝　遠古部落的共主
The Yellow Emperor:The Chieftain of Ancient Tribes
故事／陳昇群　原典解說／陳昇群　繪圖／BIG FACE

遠古的黃河流域，衰弱的炎帝，無法平息各部族的爭戰。在一片討伐、互鬥的混亂局勢裡，有個天生神異，默默修養自己的人，正準備崛起。他，就是中華民族共同的祖先，黃帝。

002 周成王姬誦　施行禮樂的天子
Ch'eng of Chou:The Establishment of Chinese Etiquette
故事／姜子安　原典解說／姜子安　繪圖／簡漢平

年幼即位的周成王，懷抱著父親武王與叔叔周公的期待，與之後繼位的康王，一同開創了「成康之治」。他奠定了西周的強盛，開啟了五十多年的治世。什麼刑罰都不需要，天下無事，安寧祥和。

003 秦始皇　野心勃勃的始皇帝
Ch'in Shih Huang:The First Emperor of China
故事／林怡君　原典解說／林怡君　繪圖／LucKy wei

綿延萬里的長城、浩蕩雄壯的兵馬俑，已成絕響的阿房宮……這些遺留下來的秦朝文物，代表的正是秦始皇的雄心壯志。但是風光的盛世下，卻是秦始皇實行暴政的證據。他在統一中國時，也斷送了秦朝的前程。

004 漢高祖劉邦　平民皇帝第一人
Kao-tsu of Han:The First Peasant Emperor
故事／姜子安　故事／姜子安　繪圖／林家棟

他是中國第一個由平民出身的皇帝，為什麼那麼多人都願意為他捨身賣命？憑什麼他能和西楚霸王項羽互爭天下？劉邦是如何在亂世中崛起，打敗項羽，成為漢朝的開國皇帝？

005 王莽　爭議的改革者
Wang Mang:The Controversial Reformer
故事／岑澎維　原典解說／岑澎維　繪圖／鍾昭弋

臣民都稱呼他為「攝皇帝」。因為他的實權大大勝過君王。別以為這樣王莽就滿足了，他覬覦的可是真正的君王寶位。於是他奪取王位，一手打造全新的王朝。他的內心曾裝滿美好的願景，只可惜最終變成空談。

006 北魏孝文帝拓跋宏　民族融合的推手
T'o-pa Hung:The Champion of Ethnic Melting
故事／林怡君　原典解說／林怡君　繪圖／江長芳

孝文帝來自北魏王朝，卻嚮往南方。他最熱愛漢文化，想盡辦法要讓胡漢兩族的隔閡減少。他超越了時空的限制，不同於一般君主的獨裁專制，他的深思遠見、慈悲寬容，指引了一條民族融合的美好道路。

007 隋煬帝楊廣　揮霍無度的昏君
Yang of Sui:The Extravagant Tyrant
故事／劉思源　原典解說／劉思源　繪圖／榮馬

楊廣從哥哥的手上奪走王位，成為隋煬帝。他也從一個父母眼中溫和謙恭的青年，轉而成為嚴格殘酷的帝王。這個任意妄為的皇帝，斷送了隋朝的未來，留下昭彰的惡名，卻也樹立影響後世的功績。

008 武則天　中國第一女皇帝
Wu Tse-t'ien:The only Empress of China
故事／呂淑敏　原典解說／呂淑敏　繪圖／麥震東

她不只想當中國第一個女皇帝，她還想開創自己的朝代，把自己的名字深深的刻在歷史的石碑上。她還想改革政治，找出更多人才為國家服務。她的膽識、聰明與自信，讓她註定留名青史，留下褒貶不一的評價。

◎ 【經典少年遊】，我們先出版一百種中國經典，共分八個主題系列：

詩詞曲、思想與哲學、小說與故事、人物傳記、歷史、探險與地理、生活與素養、科技。

每一個主題系列，都按時間順序來選擇代表性的經典書種。

◎ 每一個主題系列，我們都邀請相關的專家學者擔任編輯顧問，提供從選題到內容的建議與指導。

我們希望：孩子讀完一個系列，可以掌握這個主題的完整體系。讀完八個不同主題的系列，

可以不但對中國文化有多面向的認識，更可以體會跨界閱讀的樂趣，享受知識跨界激盪的樂趣。

◎ 如果說，歷史累積下來的經典形成了壯麗的山河，那麼【經典少年遊】就是希望我們每個人

都趁著年少，探索四面八方，拓展眼界，體會山河之美，建構自己的知識體系。

少年需要遊經典。

經典需要少年遊。

009 唐玄宗李隆基　盛唐轉衰的關鍵
Hsuan-tsung of T'ang: The Decline of the T'ang Dynasty

故事／呂淑敏　原典解說／呂淑敏　繪圖／游峻軒

他開疆闢土，安內攘外。他同時也多才多藝，愛好藝術音樂，還能譜曲演戲。他就是締造開元盛世的唐玄宗。他創造了盛唐的宏圖，卻也成為國勢衰敗的關鍵。從意氣風發，到倉皇逃難，這就是唐玄宗曲折的一生。

010 宋太祖趙匡胤　重文輕武的軍人皇帝
T'ai-tsu of Sung: The General-turned-Scholar Emperor

故事／林哲璋　原典解說／林哲璋　繪圖／劉育琪

從黃袍加身到杯酒釋兵權，趙匡胤抓準了時機，從軍人成為實權在握的開國皇帝。眼見藩鎮割據的五代亂象，他重用文人，集權中央。他開啟了平和的大宋時期，卻也為之後的宋朝埋下被外族侵犯的隱憂。

011 宋徽宗趙佶　誤國的書畫皇帝
Hui-tsung of Sung: The Tragic Artist Emperor

故事／林哲璋　原典解說／林哲璋　繪圖／林心雁

他不是塊當皇帝的料，玩物喪志的他寧願拱手讓位給敵國，只求能夠保全藝術珍藏。宋徽宗的多才多藝，以及他的極致享樂主義，都為我們演示了一個富有人格魅力，一段段充滿人文氣息的小品集。

012 元世祖忽必烈　草原上的帝國霸主
Kublai Khan: The Great Khan of Mongolia

故事／林安德　原典解說／林安德　繪圖／AU

忽必烈——草原上的霸主！他剽悍但不霸道，他聰明而又包容。他能細心體察冤屈，揚善罰惡；他還能珍惜人才，廣聽建言。他有著開闊的胸襟和寬廣的視野，這個馳騁草原的霸主，從馬上建立起一塊遼遠的帝國！

013 明太祖朱元璋　嚴厲的集權君王
Hongwu Emperor: The Harsh Totalitarian

故事／林安德　原典解說／林安德　繪圖／顧珮仙

從一個貧苦的農家子弟，到萬人臣服的皇帝，朱元璋是怎麼辦到的？他結束了亂世，將飽受戰亂的國家，開創另一個新局？為什麼歷史評價如此兩極，既受人推崇，又遭人詬病，究竟他是一個好皇帝還是壞皇帝呢？

014 清太祖努爾哈赤　滿清的奠基者
Nurhaci: The Founder of the Ch'ing Dynasty

故事／李光福　原典解說／李光福　繪圖／蘇偉宇

要理解輝煌的清朝，就不能不知道為清朝建立基礎的努爾哈赤。他在明朝的威脅下，統一女真部落，建立後金。當他在位時期，雖然無法成功消滅明朝，但是他的後人創立了清朝，為中國歷史開啟了新的一頁。

015 清高宗乾隆　盛世的十全老人
Ch'ien-lung: The Great Emperor of the Golden Age

故事／李光福　原典解說／李光福　繪圖／唐克杰

乾隆在位時期被稱為「康雍乾盛世」，然而他一方面大興文字獄，一方面還驕傲的想展現豐功偉業，最終讓清朝國勢日漸走下坡。乾隆讓我們看到了輝煌與鼎盛，也讓我們看到盛世下的陰影，日後的敗因。

經典。
少年遊

youth.classicsnow.net

001
黃帝　遠古部落的共主
The Yellow Emperor
The Chieftain of Ancient Tribes

編輯顧問（姓名筆劃序）
王安憶　王汎森　江曉原　李歐梵　郝譽翔　陳平原
張隆溪　張臨生　葉嘉瑩　葛兆光　葛劍雄　鄭培凱

故事：陳昇群
原典解說：陳昇群
繪圖：BIG FACE
人時事地：梁偉賢

編輯：張瑜珊　張瓊文　鄧芳喬
美術設計：張士勇
美術編輯：顏一立
校對：陳佩伶

企畫：網路與書股份有限公司
出版者：大塊文化出版股份有限公司
台北市10550南京東路四段25號11樓
www.locuspublishing.com
讀者服務專線：0800-006689
TEL：+886-2-87123898
FAX：+886-2-87123897
郵撥帳號：18955675
戶名：大塊文化出版股份有限公司
法律顧問：全理法律事務所董安丹律師

總經銷：大和書報圖書股份有限公司
地址：新北市新莊區五工五路2號
TEL：+886-2-8990-2588
FAX：+886-2-2290-1658
製版：沈氏藝術印刷股份有限公司

初版一刷：2012年12月
定價：新台幣299元

ISBN：978-986-213-358-3